Jutta Schütz
wurde in Lebach (Saarland) geboren.

Mit ihrem ersten Bestseller "Plötzlich Diabetes" (2008) gilt die Autorin bei Kritikern als Querdenkerin. 2010 startete sie mit ihren Gesundheitsbüchern ihr Pilotprojekt in Bruchsal und später bei der VHS in Wolfsburg. Schütz schreibt Bücher, die anspornen, motivieren und spezielles Insiderwissen liefern. Sie hat bis heute viele Bücher geschrieben und an vielen anderen Büchern mitgewirkt. Zudem hilft sie als Mentorin und Coach vielen Neuautoren bei der Veröffentlichung ihrer Bücher.

Als Journalistin schreibt sie für viele Verlage und Zeitungen. Ihre Themen sind: Gesundheit, Psychologie, Kunst, Literatur, Musik, Film, Bühne, Entertainment. Weitere Informationen zur Autorin und ihren Büchern findet man in den Verlagen, auf ihrer Webseite sowie im Kultur-Netzwerk.

www.jutta-schuetz-autorin.de
www.die-gruppe-48.net/Funktionstraeger

© **2019 Autor: Jutta Schütz**

© 2019 Buchsatz, Layout, Buchgestaltung, Buchidee:
Jutta Schütz
www.jutta-schuetz-autorin.de/
E-Mail: info.jschuetz@googlemail.com

© **2019 Herstellung und Verlag:**
BoD – Books on Demand, Norderstedt

ISBN: 9783749464807

Bibliografische Information der Deutschen Nationalbibliothek:
Die Deutsche Nationalbibliothek verzeichnet diese Publikation in der Deutschen Nationalbibliografie; detaillierte bibliografische Daten sind im Internet über http://dnb.d-nb.de abrufbar.

Jutta Schütz

Autismus verstehen

Ratgeber für Hilfesuchende

INHALTSVERZEICHNIS

Einleitung

Kinder sind soziale Wesen und von früh an aktive Teilnehmer am Austausch mit Eltern, Erziehern und Mitmenschen. Sie interessieren sich für alles, was die Erwachsenen tun, wollen von früh an das Verhalten anderer Menschen kopieren und auch aktiv beeinflussen.

Autistische Kinder haben aber ein Kernproblem, sie können dieses soziale Interesse nur allmählich entwickeln und lernen. Das muss oft in kleinen Schritten geübt werden.

Die Schwierigkeiten die soziale Umgebung zu verstehen führen dazu, dass autistische Kinder sehr unsicher auf Veränderungen reagieren.

Sie haben Schwierigkeiten mit dem „Entziffern" der für uns deutlichen Lebensumgebung, um es einmal anders auszudrücken.

Das heißt: sie haben große Mühe, den Dingen ihre Bedeutung zuzuordnen, sie wissen nicht was kommen wird oder was von ihnen erwartet wird.

Sie begreifen viele Situationen nicht und ziehen sich häufig zurück. Auch verleihen sie einer bestimmten Reihenfolge von Ereignissen und bestimmten Handlungen exzessive Bedeutung. Dadurch versuchen sie Ordnung in ihr Chaos zu bringen.

Autismus gehört zu den schwersten psychischen Störungen, dessen Symptome ebenso das Jugend- und Erwachsenenalter betreffen.

Autisten sind nicht krank, denn Autismus ist weder heilbar noch ansteckend. Ihre Wesensart ist anders als bei den meisten Menschen. Zum Beispiel kommunizieren sie nicht wie „normale" Menschen.

Autistische Menschen sind genauso unterschiedlich und individuell wie Nichtautisten und Autisten sehen auch aus wie andere Menschen.

Es gibt viele Auswirkungen des Autismus. Bei jedem Menschen sind es unterschiedliche Ausprägungen.

Nach heutigem Erkenntnisstand werden mit autistischen Störungen vielschichtige Phänomene beschrieben, welche von Geburt an vorliegen oder in den ersten Lebensjahren auftreten und fortbestehen.

Manche Autisten haben eine geistige Behinderung oder erreichen eine normale Intelligenz.

Es gibt auch überdurchschnittlich intelligente Autisten. Diese haben eine sogenannte Inselbegabung. Das nennt man eine Hochbegabung in einem bestimmten Bereich.

Weil die Ausprägungen der autistischen Störungen so unterschiedlich sind, müssen auch die pädagogischen und therapeutischen Ansätze verschieden sein. Eine bessere Lebensqualität für den Autisten als auch für seine Bezugspersonen werden durch gezielte „autismus spezifische Förder- und Therapiemaßnahmen" erreicht.

Erste sichtbare Erfolge der Autismus-Therapie stellen sich meist nur langsam ein. Viele Betroffene und ihre Angehörigen ziehen auch alternative Maßnahmen in Betracht.

Diese Therapie verfolgt in erster Linie zwei Ziele:

> Fähigkeiten und Stärken des Autisten fördern

> Seine Entwicklung unterstützen

Die Symptome bleiben ein Leben lang bestehen, sie nehmen aber mit den Jahren oft leicht ab.

Bis in die 1960er Jahren hatte die Wissenschaft noch keine Theorie, wie der Autismus entsteht. Den Müttern wurde ein liebloses und kaltherziges Verhalten in der Erziehung vorgeworfen. Erst in den letzten Jahren gewannen Forscher durch den technischen Fortschritt in der Medizin neue Erkenntnisse in der Autismus-Ursachenforschung.

Sie fanden heraus, dass verschiedene Faktoren bei der Entwicklung von Autismus eine Rolle spielen können. So gehen sie davon aus, dass autistische Störungen vor allem durch Veränderungen im Erbgut bedingt sind.

Zum Beispiel ist bei 10 – 15 Prozent das „Fragile X-Chromosom" betroffen. Hier ist eine genetische Veränderung auf dem X-Chromosom die Ursache einer kognitiven Behinderung.

Trotz umfangreicher Forschungsergebnisse gibt es bis heute kein vollständiges Erklärungsmodell.

Es konnte bis heute keine Veränderung des Gehirns nachgewiesen werden, die für den Autismus typisch ist. Es wurden in bestimmten Hirnabschnitten Auffälligkeiten gefunden. Diese sind für die sozialen und kommunikativen Fähigkeiten verantwortlich. Es ist bis heute noch nicht erwiesen, ob sie durch die Erkrankung entstanden sind oder ob sie andere Ursachen haben.

Forscher vermuten, dass Autisten schon während der Gehirnentwicklung im Mutterleib Störungen entwickeln, die sich später auf eine normale Hirnentwicklung auswirken könnten.

Autisten weisen eine Volumenzunahme des hinteren Hirnabschnitts auf. Sie haben in den ersten Lebensjahren einen größeren Kopfumfang wie „normale" Kinder. Es wird vermutet, dass die Größe des Kopfumfangs die Vernetzung von Informationen im Gehirn beeinflusst.

Autisten weisen oft höhere Werte der Botenstoffe Serotonin und Dopamin auf.

Eine schlechte Ernährung als Grund für Autismus bei Kindern konnte bisher nicht nachgewiesen werden. Trotzdem existieren eine Vielzahl von Therapien und Behandlungsansätzen die auf Vitamin- und Mineralstoffzugaben basieren.

Schätzungen zufolge sind in Europa, den USA und Kanada zirka zwei von tausend Kindern von frühkindlichem Autismus betroffen.

Schätzungsweise 6 bis 10 von 1000 Kindern sind von einer tiefgreifenden Entwicklungsstörung betroffen. Davon weisen nur etwa 20 Prozent eine normale oder überdurchschnittliche Intelligenz auf. Jungen sind vom Autismus 2 – 3 Mal häufiger betroffen als Mädchen.

Die charakteristischen Symptome bilden sich fast immer in den ersten fünf Lebensjahren.

Autismus wird bei Kindern entweder vor dem dritten Lebensjahr erkannt oder erst später. Dadurch ergeben sich unterschiedliche Formen des Autismus.

Die 1. Aufzeichnungen stammen von Jean Itard. Er schrieb 1799 über einen Jungen, der heute als autistisch bezeichnet würde: „Der wilde Junge von Aveyron".

Siehe auch Quelle: http://de.wikipedia.org/wiki/Jean_Itard

Die tiefgreifende Entwicklungsstörung „Autismus" wurde erstmals durch den Psychiater Eugen Bleuler im Jahr 1943 benutzt. Bleuler analysierte 1911 in seinem Buch „Dementia Praecox oder Gruppe der Schizophrenien" die individuelle Zurückgezogenheit in die innere Gedankenwelt seiner Beobachtungsobjekte. Er brachte das heute bekannte Krankheitsbild des Autismus in den frühen Jahren mit der Schizophrenie in Verbindung.

Man weiß heute, dass der Autismus deutlich von der Schizophrenie und dem Down-Syndrom abzugrenzen ist.

Leo Kanner und Hans Asperger sahen den Autismus als eigenständige Krankheit an.

Autismus ist keine Unterform der Schizophrenie, wie Bleuler das betrachtet hatte.

Autismus begleitet die Menschen ihr Leben lang. Ein Autist ist nicht als krank anzusehen, sondern als Mensch, der die Welt mehr oder weniger anders wahrnimmt und erlebt als der Großteil der Bevölkerung.

Sicherlich kann sich jeder an den Film Rainman erinnern. Darin stellt der US-amerikanische Schauspieler Dustin Hoffman die Schwierigkeiten von Autismus bei Erwachsenen dar. Rainman litt am Savant-Syndrom (Inselbegabung).

Siehe auch Quelle: http://de.wikipedia.org/wiki/Rain_Man

Das Wort AUTISMUS ist ein Sammelbegriff für verschiedene tiefgreifende Entwicklungsstörungen (Autismus-Spektrum-Störung).

Man unterscheidet zwischen:

➢ Frühkindlichem Autismus

➢ Asperger-Syndrom

➢ Atypischen Autismus

Es gibt keine einfache Autismus-Definition!

Insgesamt lässt sich aber sagen, dass der Autismus durch 3 charakteristische Merkmale gekennzeichnet wird:

➢ Die sozialen Fähigkeiten sind schwer gestört.

➢ Die Kommunikation und Sprache sind beeinträchtigt.

➢ Das Verhalten ist stereotyp, wiederholt sich und folgt bestimmten Ritualen.

Woran erkenne ich, dass mein Kind Autismus hat?

Der Autismus hat viele Gesichter, wer sich nicht mit diesem Thema auseinander setzt, kann es kaum glauben, dass es Autisten gibt, die auf den ersten Blick völlig normal wirken.

Die frühkindlichen Autisten sind die auffälligsten. Diese Kinder sprechen gar nicht oder nur wenige Worte und leben völlig in sich zurückgezogen – in ihrer eigenen Welt. Unter den frühkindlichen Autisten befinden sich oft auch Kinder, welche hochintelligent (Inselbegabung) sind und beispielsweise schon im Alter von 4 oder 5 Jahren lesen können.

Der Autismus ist inzwischen ein vielbesprochenes Thema und inzwischen wird dem Autismus und vergleichbaren Abweichungen viel mehr Aufmerksamkeit gewidmet. Glücklicherweise weiß man immer mehr über die unterschiedlichen Störungen im autistischen Spektrum.

Wenn Sie an Ihrem Kind Auffälligkeiten spüren oder denken, dass etwas nicht stimmt, so bleiben Sie am Ball. Lassen Sie sich nicht vom Kindergarten, Kinderarzt oder Schule einreden, es sei doch alles in Ordnung. Gehen Sie Ihrem Instinkt nach.

Wenn Sie Befürchtungen haben, dass Ihr Kind an Autismus leidet, sollten Sie sich einem Facharzt anvertrauen. Ihr Hausarzt muss Ihnen eine Überweisung zu Spezialisten für Kinder mit und ohne Entwicklungsstörungen ausstellen. Während Säuglinge autistische Züge aufzeigen können, kann nur ein umfassendes diagnostisches Vorgehen aufdecken, ob Ihr Kind Autismus hat oder Verhaltensattribute anderer Schwierigkeiten aufweist.

Die Diagnose „Autismus" wird in Deutschland oft erst im Alter von drei bis sechs Jahren gestellt und bei „Asperger" noch viel später. Viele Kinder scheinen bis zum ersten oder zweiten Lebensjahr eine normale Entwicklung zu durchlaufen.

Die meisten Eltern von Kindern mit Autismus spüren schon früh, dass etwas mit ihrem Kind nicht stimmt. Sie finden aber selten das richtige Gehör bei Ärzten. Es vergehen oft viele wertvolle Jahre bis zur richtigen Diagnosestellung.

Eine reine Autismus-Diagnose bringt dem Kind nichts. Wichtig ist auch eine Überprüfung der Intelligenz, der Sprachentwicklung und Motorik.

Viele Eltern sind am Anfang sehr geschockt. Das ist auch ganz verständlich, schließlich handelt es sich um eine lebenslange Diagnose.

Die Diagnose von Autismus wird wahrscheinlich nicht innerhalb nur eines Untersuchungstermins erfolgen, besonders nicht, wenn das Kind noch im Babyalter ist.

Zum Beispiel brabbeln gesunde Säuglinge vor sich hin, dagegen zeigen autistische Säuglinge oft keine Ansätze von sprachlicher Äußerung. Sie zeigen auch nur sehr selten mit dem Finger irgendwohin oder strecken die Arme nach den Eltern aus.

Kinder mit Autismus haben in der Regel Schwierigkeiten in der verbalen und nonverbalen Kommunikation. Die „nonverbale Kommunikation" beschreibt alle Formen der Kommunikation, die sich nicht auf eine sprachliche Informationsvermittlung stützen.

Die Wirkung dieser Kommunikation (Mimik, Gestik und Körpersprache) wird oftmals unterschätzt, obwohl nonverbale Kommunikation mit über 90% ein wesentlicher, erfolgsabhängiger Bestandteil unseres täglichen Lebens ist.

Wenn das Kind NICHT auf Lächeln reagiert und auf dem Spielplatz lieber abseits sitzt, könnte ein Autismus dahinter stecken.

Manche Kinder zeigen auch eine Aggression gegenüber anderen Menschen (Kinder) und auch gegen sich selbst.

Es ist auch auffällig, wenn autistische Kinder nicht auf Anlächeln reagieren. Es liegt daran, dass es diesen Kindern schwer fällt, Gefühle ihrer Mitmenschen zu erkennen. Zum Beispiel können sie andere Kinder nicht trösten, wenn diese sich beim Spielen wehtun und weinen. Sie können nur selten Anteil an dieser Situation nehmen.

Nicht jede Verzögerung der Entwicklung muss gleich die Diagnose Autismus bedeuten, es sind verschiedene Untersuchungen notwendig. Und darüber hinaus sind autistische Störungen bei jedem Kind unterschiedlich stark ausgeprägt.

Die Erziehung von autistischen Kindern ist häufig anstrengend. Diese Kinder geraten oft schon wegen Kleinigkeiten aus der Fassung. Für die Eltern ist es auch ein täglicher Kampf, ihrem Kind neue Dinge beizubringen. Es scheint so, dass das Kind einfach nicht will. Aber das ist nicht wahr. Ein autistisches Kind möchte häufig sehr gerne, aber kann es einfach nicht, es steht sich selbst im Weg.

Diesen Kindern fällt es leichter, über das Sehen als über Hören zu lernen. Versuchen Sie mit Hilfe von Zeichnungen oder Fotos Ihrem Kind zu helfen.

Viele autistische Kinder sind intelligenter als sie wirken. Sie können Verhaltensweisen nicht imitieren, wozu z. B. Kinder mit Trisomie 21 (Down-Syndrom) in der Lage sind.

Ich möchte unbedingt darauf hinweisen, dass bei der Auswahl der Therapieangebote VORSICHT geboten ist! Leider gibt es auch Angebote sogenannter Wunder-Heiler, die gerne „normales Funktionieren", „normalen Schulbesuch" oder „normalen Intelligenzquotienten" versprechen.

Fazit: Autisten sind keine Kinder, die Eltern gerne vorzeigen. Solche Kinder wirken auf andere Menschen sehr befremdlich. Sie sind unzugänglich, abweisend und es scheint so, als hätten sie keine Gefühle, was aber überhaupt nicht stimmt. Das kommt auch daher, dass sie Augenkontakt vermeiden.

Auf der anderen Seite sind autistische Kinder sehr faszinierende Menschen. Sie haben verblüffende Sichtweisen und außergewöhnliche Fähigkeiten.

Die normale Entwicklung eines
Babys sollte sein:

➢ Können Sie sich z. B. an das erste Lächeln Ihres Kindes erinnern? Ihr Baby ist zirka 6 Monate alt. Es kann schon Freude zeigen.

➢ Ihr Baby ist neun Monate alt und kann Grimassen schneiden, grinsen oder eine Schippe ziehen.

➢ Ihr Baby ist ungefähr ein Jahr alt. Es kann brabbeln, die Töne wiederholen sich oft, die in Art und Rhythmus variieren.

➢ Ihr Baby ist ein Jahr alt. Es kann Gesten benutzen um zu winken oder auf Dinge zu zeigen, die es haben möchte. Es erkennt Rhythmus und Farbe der Sprache und begreift, was Sie von ihm wollen.

➢ Etwa mit 16 Monaten fängt Ihr Baby (Kleinkind) dann an, die ersten zweisilbigen Wörter zu sprechen.

➢ Etwa mit 2 Jahren sollte Ihr Kind in der Lage sein, sinnhafte Sätze aus mindestens zwei Wörtern zu sprechen, ohne diese vorher von jemandem gehört zu haben.

Manche Kinder erreichen die oben genannten Meilensteine ohne Probleme, verlieren aber dann einige dieser Fähigkeiten wieder.

Autistische Kinder haben große Schwierigkeiten beim Fortführen einer Unterhaltung. Sie wiederholen häufig Sätze immer wieder.

Autistische Kinder legen großen Wert auf Routine. Z. B. wollen sie beim Essen immer auf dem gleichen Platz sitzen, oder ihr Essen immer in einer bestimmten Reihenfolge essen.

Ein autistisches Kind mag oft keine Alltagsgeräusche. Diese empfindet das Kind als schmerzhaft. Es hält sich oft mit seinen Händen die Ohren zu.

Probieren Sie bitte folgenden Test aus, wenn Ihr Kind zirka 12 Monate alt ist:

Rufen Sie Ihr spielendes Kind „mit Namen". Tun Sie dies zweimal.

Sollte Ihr Kind in sein Spiel versunken sein, wiederholen Sie den Test zu einem anderen Zeitpunkt.

Zirka 50 Prozent aller Kinder die nicht reagieren, entwickeln später einen Autismus.

Quelle: Studie kalifornischer Forscher. Diese untersuchten 64 Geschwister autistischer Kinder, die somit ein erhöhtes Autismusrisiko aufwiesen, sowie – als Kontrollgruppe – 25 Kinder mit gesunden Geschwistern. Alle Kinder wurden im Alter von zwölf Monaten getestet. Sie saßen einzeln an einem Tisch und spielten. Dann wurden sie mit ihrem Namen gerufen.

http://www.experto.de/b2c/gesundheit/kinder-jugend-gesundheit/hat-mein-kind-einen-autismus.html

Es gibt auch Autisten, die ihre Mitschüler in Grund und Boden quatschen und ihre Mitschüler ständig im Unterricht verbessern möchten. Sie fühlen nicht, wann sie nur noch nerven, sie können sich nicht oder nur schwer in andere Menschen hineinversetzen.

Formen von Autismus

**Es gibt verschiedene Formen
von Autismus-Spektrums-Störungen**

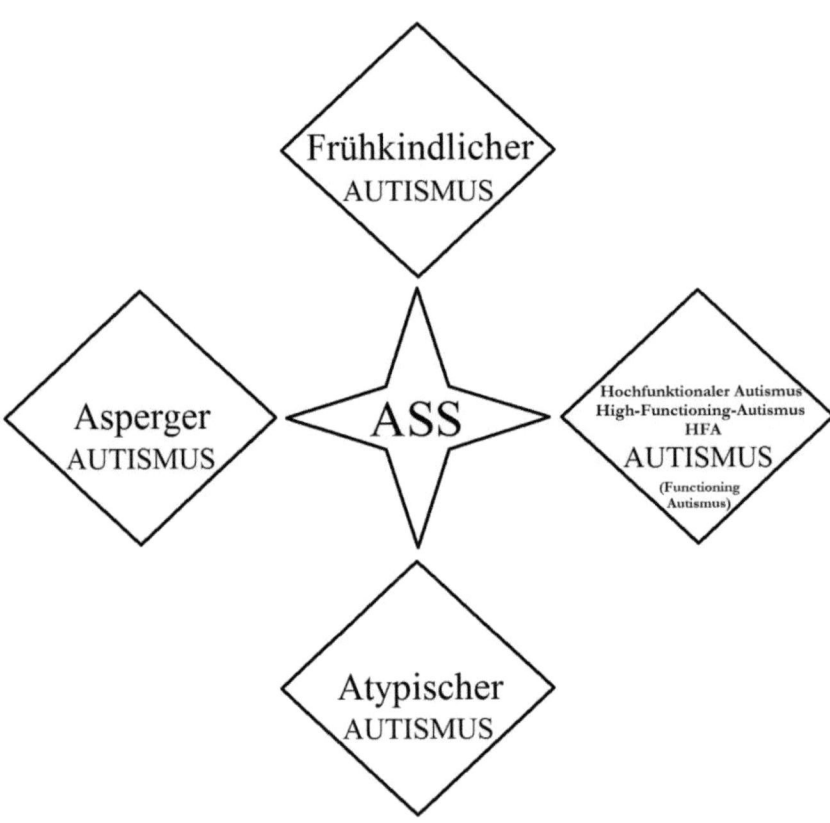

Frühkindlicher Autismus

Beim frühkindlichen Autismus versteht man eine „meist erblich" tiefgreifende Entwicklungsstörung, die sich in den ersten 36 Lebensmonaten bemerkbar macht. Dieser Autismus gehört zu den schwerwiegenden Formen. Die Störungen sind gekennzeichnet durch tiefgreifende Beeinträchtigungen der gesamten Entwicklung. Die Kinder haben es schwer, soziale Kontakte zu knüpfen und Beziehungen einzugehen. Es kommen zahlreiche Verhaltensauffälligkeiten hinzu, die besonders für die Eltern im alltäglichen Umgang mit ihren Kindern sehr belastend sind.

Die Ausprägung kann sich von Kind zu Kind unterscheiden. Es kann zu individuell verschiedenen Auswirkungen und Verhaltungsweisen kommen.

Kinder mit „frühkindlichem Autismus" haben eine eingeengte Wahrnehmung.

Sie registrieren nur winzige Einzelheiten, können diese aber dann besonders genau aufnehmen.

Zum Beispiel, wenn ein Möbelstück anders im Raum steht, als sonst, oder dass ein Baustein von 100 anderen Bausteinen fehlt.

Es kann auch sein, dass autistische Kinder bei Geräuschen in Panik geraten und andere damit keine Probleme haben.

Lichtreflexe oder Spiegelungen können sie in ihren Bann ziehen.

Ihre Haut ist sehr sensibel und sie empfinden das Streicheln von ihren Eltern oft als unangenehm. Stellen Sie sich vor, Sie haben einen Sonnenbrand und jemand streichelt sie an diesen Stellen. Dies würden Sie als sehr unangenehm empfinden.

Hinzu kommen auch Merkmale unspezifischer Probleme wie Schlaf- und Essstörungen, Phobien und Wutausbrüche sowie Aggression.

In normalen sozialen Situationen werden beim Menschen immer verschiedene Sinne gleichzeitig angesprochen. Diese sind für autistische Kinder besonders unübersichtlich.

Zum Beispiel, wenn ein Mensch einen Raum betritt, nimmt man seine Größe war, kann ihn riechen, hört man, wenn er spricht. Das Zusammenwirken der verschiedenen Reize kann den Autisten sehr beunruhigen und verängstigen.

Einfache Alltagshandlungen wie Händewaschen, Anziehen, Haare kämmen muss der Autist mühevoll erlernen. Sie können oft nicht nachvollziehen, dass sie diese einfachen Dinge tun müssen.

Autistische Kinder haben oft Angst vor Tieren.

Ihre Sprache ist oft eintönig und entweder laut oder leise. Sie betonen in Sätzen oft verschiedene Wörter sehr stark, was für den normalen Menschen keinen Sinn ergibt. Autistische Kinder sprechen auch oft in sehr langen Monologen.

Witzige und ironische Kommunikationen verstehen Autisten nicht, sie nehmen die Sprache wörtlich. Jedes Bild der Sprache muss ihnen einzeln erklärt werden.

Auch der Bereich der nonverbalen Kommunikation, also der Mimik und Gestik, ist betroffen.

Dadurch ist die ganze Unterhaltung mit anderen Menschen für autistische Kinder sehr erschwert.

Die Intelligenz bei betroffenen Kindern ist sehr stark unterentwickelt, ähnlich einer geistigen Behinderung.

Es gibt keine vorbeugenden Maßnahmen für frühkindlichen Autismus. Es ist jedoch wichtig, die betroffenen Kinder so früh wie möglich zu fördern.

Der in Amerika lebende Kinder- und Jugendpsychiater Leo Kanner
(*13.06.1896 - † 03.04.1981)

beschrieb 1943 als erster die „frühkindliche Störung des affektiven
Kontakts", der nach ihm auch Kanner-Autismus genannt wird.

Kanner baute ab 1930 am Johns Hopkins Hospital die Abteilung
für Kinder- und Jugendpsychiatrie auf. In den USA gilt er als Begrün-
der der Kinder- und Jugendpsychiatrie.

Er schrieb, dass der Autismus ein Kunstwort aus dem griechischen
Stamm und lateinischer Endung ist. Übersetzt heißt dies etwa „Auf-
sich-selbst-Bezogen-sein".

Die Ursachen sind noch nicht eindeutig geklärt. Der frühkindliche
Autismus ist eine angeborene Behinderung. Sie wird NICHT, wie frü-
her angenommen, durch die Umwelt oder bindungsunfähige Eltern
ausgelöst.

Es steht jedoch fest, dass mehrere Ursachenfaktoren zusammen
wirken müssen. Es spielen dabei vermutlich erbliche Dispositionen,
Schädigungen des Zentralnervensystems und biochemische Veränderungen eine Rolle.

Schätzungen zufolge, tritt der typische Autismus bei vier bis fünf
von 10.000 Kindern auf, wobei Jungen etwa viermal so häufig betroffen sind wie Mädchen.

Nach heutigem Kenntnisstand liegt ein frühkindlicher Autismus
vor, wenn sich bestimmte Auffälligkeiten und Einschränkungen in
folgenden Bereichen zeigen:

> Qualitative Auffälligkeiten der sozialen Interaktion

> Qualitative Auffälligkeiten der Kommunikation

> Begrenzte, repetitive und stereotype Verhaltensmuster, In-
teressen und Aktivitäten

Asperger Autismus

Das Asperger-Syndrom ist eine Kontakt- und Kommunikationsstörung, die als abgeschwächte Form des Autismus angesehen wird.

Der Wiener Kinderarzt und Heilpädagoge Hans Asperger (*18.02.1906 - †21.10.1980) veröffentlichte 1944 seine Doktorarbeit zum Thema „autistische Psychopathie". Er beschrieb Kinder, die über mehr soziale Fähigkeiten verfügen als den frühkindlichen Autismus.

Er verfasste seine Veröffentlichungen größtenteils in deutscher Sprache, die kaum in andere Sprachen übersetzt wurden. Daher waren seine Arbeiten wenig bekannt. Das Asperger-Syndrom erlangte erst in den 1990er Jahren internationale Bekanntheit in Fachkreisen.

Lorna Wing, eine britische Psychologin führte in den 1980er Jahren die Forschungen von Hans Asperger weiter und benannte es nach seinem Erstbeschreiber.

Asperger widmete sich an der Heilpädagogischen Abteilung der Wiener Universitätskinderklinik besonders diesen gesellschaftlichen Außenseitern. Er nannte diese Kinder „Kleine Professoren".

Das Asperger-Syndrom wird zur heutigen Zeit als ein Teil des Autismus-Spektrums gesehen und auch als „High-Function-Autismus" bezeichnet.

Die Annahme, dass er selbst am Asperger-Syndrom litt, ist und bleibt nur eine Vermutung.

Die ICD (Internationale statistische Klassifikation der Krankheiten) nahm erst im Jahre 1991 das Asperger-Syndrom auf.

Zirka 8000 Menschen in Deutschland gelten als Asperger-Autisten.

Der Arbeitsmarkt weiß allmählich die Fähigkeiten dieser Menschen zu nutzen.

Asperger-Menschen weisen zwar Defizite im Bereich der zwischenmenschlichen Kommunikation und Interaktion auf, sind dafür aber in einzelnen Fachbereichen überdurchschnittlich begabt.

Sie gelten als besonders:

➢ Ausdauernd

➢ Aufmerksam

➢ Logisch denkend

➢ Detailgetreu

➢ Loyal

➢ Hoch motiviert

➢ Wahrheitsliebend

Sie haben ein überdurchschnittlich hohes logisches Denken, sogenannte Inselbegabungen, etwa im Bereich der Mathematik, Logik und der Sprachen sowie auch ein sehr gutes fotografisches Gedächtnis.

Zum Beispiel bei einem Kind mit Fähigkeiten im Normalbereich, das fließend spricht und sehr gute Kenntnisse auf besonderen Spezialgebieten hat, denkt man zunächst nicht an einen Autismus.

Asperger beschrieb eine Gruppe von Kindern, die intellektuell NICHT beeinträchtig wirkte, aber ein sehr gutes Sprachvermögen hatten, aber deren gesamtes soziales Verhalten merkwürdig war. Ihm fiel Folgendes auf:

Diese Kinder hatten Störungen im Sprachgebrauch, Blickkontakt und Körpersprache. Außerdem hatten sie im normalen, alltäglichen Umgang mit anderen keine natürliche und altersgemäße Kommunikation. Ihre Körperhaltung und Gesten standen nicht im Bezug zur Situation. Die motorische Ungeschicktheit wirkte künstlich oder seltsam. Tonfall und Wortwahl war auffällig. Sie hatten Schwierigkeiten bei spontaner Kommunikation.

Es war eine Diskrepanz zwischen Intelligenz und Gefühlsleben.

Asperger nannte sie „Autistische Psychopathen".

Asperger-Kinder können von sich aus selten altersgemäße Beziehungen zu anderen Kindern herstellen. Ihre Kontaktaufnahme geschieht verstandesmäßig.

Im Kindergarten und in der Schule wirken sie fremd und beunruhigend. Sie werden daher oft Opfer von Ausgrenzungen und Mobbing.

Sie begreifen mit zunehmendem Alter, dass sie anders sind.

Werden sie damit allein gelassen, ist die Gefahr einer Depression sehr groß. Dies kann sich dahingehend auswirken, dass sie entweder Aggressivität zeigen, oder sich völlig zurückziehen. Manche denken an Selbstmord.

Asperger-Kinder sind relativ leicht betroffen, gemessen am autistischen Spektrum.

Sie benötigen Verständnis und Hilfe, aber es muss die richtige Art von fachlicher Hilfe sein. Sie können mit Hilfe soziale Verhaltensweisen lernen. So sind die Chancen recht gut, dass sie einen Beruf ausüben sowie auch ein eigenständiges Leben führen können.

Ein interessanter Erfahrungs-Bericht zu diesem Thema:

Ein Informatik-Professor bereitet einen Jungen mit dem Asperger-Syndrom auf das Leben vor. Eine Geschichte über die Liebe zur Mathematik von Benjamin von Brackel

http://www.zeit.de/2015/01/asperger-syndrom-mathematik-studium

Die Unterschiede zwischen Asperger-Syndrom und frühkindlichem Autismus sind:

Asperger-Syndrom

- ➢ Durchschnittliche bis überdurchschnittliche Intelligenz
- ➢ Auffälligkeit erst im Kindergarten oder Schule
- ➢ Frühes Sprechen
- ➢ Wandlungsfähige Sprache
- ➢ Empfinden ihre Umgebung als störend.

Frühkindlicher Autismus

- ➢ Sind unterschiedlich intelligent
- ➢ Auffälligkeit schon im Babyalter
- ➢ Erhebliche Defizite in der Sprache
- ➢ Empfinden die Umgebung als NICHT existent

Können Asperger-Autisten lügen?

Ich habe gehört, dass Menschen mit Asperger-Syndrom nicht lügen können. Stimmt das wirklich? (fragte Anne N. aus Remscheid)

„Nein", sagt Barbara Rittmann, Psychologin, Psychotherapeutin und Leiterin des Hamburger Autismus Instituts.

Rittmann sagt: „Menschen mit Asperger-Syndrom können auch lügen, ihre Motivation ist aber oftmals eine andere als die der meisten Menschen."

Da sie sehr sachbezogen sind, können sie sich beispielsweise nicht vorstellen, dass man lügt, um einem anderen nicht weh zu tun.

Zitat-Quelle:

Dienstag, 22. Juli 2014 von Jana Zeh

http://www.n-tv.de/wissen/frageantwort/Koennen-Asperger-Autisten-luegen-article13229696.html

In der Diagnostik ist es wichtig, dass zwischen Asperger-Syndrom und den sogenannten schizoiden und schizotypen Persönlichkeitsstörungen unterschieden und abgegrenzt werden muss.

Beide Persönlichkeitsstörungen als auch das Asperger-Syndrom zeigen sich ähnlich.

Der Asperger lässt sich vor allem durch seine Spezialinteressen und Neigung zu stereotypem Verhalten beschreiben.

Dagegen der schizoide Störungs-Typus in einer kurzen phänomenologischen Beschreibung. Das sind: Lineare Emotionalität oder Verflachung von Gefühlen und dem Mangel, Freude zu empfinden oder zu zeigen.

Ein gefühlsmäßiges und ständiges Distanzierungsverhalten ist bei einer schizoiden Persönlichkeitsstörung an der Tagesordnung.

Bei der schizotypischen Persönlichkeitsstörung kommt das gezeigte Verhalten eher als skurril herüber.

Ein Mensch mit Asperger-Symptomatik hat weder tief misstrauische Phantasien noch paranoide Züge. Er fühlt sich auch NIE kontrolliert, beobachtet oder verfolgt, sowie es der schizotypisch gestörte Mensch empfindet.

Asperger-Betroffene können sich durch die ständige Unterstützung ihrer Eltern/Erzieher und später ihre Beziehungspartner zu einem emotional empfindsamen und spontanen Wesen entwickeln.

Weitere interessante Quellen sind:
Wenn das Denken einsam macht

Das Asperger-Syndrom, eine Variante des Autismus, ist bei Kindern schwer zu erkennen. Dabei könnte eine frühe Therapie die Patienten aus der Isolation befreien. Von Jörgen Lang - DIE ZEIT N 36/200426. August 2004.

Zitat aus diesem Artikel:

Von Geschichten hört Max am liebsten den Anfang. „Noch mal von vorn", ruft er, auch wenn die Handlung noch gar nicht zu Ende ist. Der Weg ist das Ziel: Mit starrem Blick reißt Max seine kunstvoll aufgeschichteten Bauklötze ein, ordnet sie von Neuem und zerstört sie wieder. Aber wehe, wenn seine kleine Schwester Anna die scheinbare Unordnung durcheinander bringt. Dann kreischt er in schrillen Tönen, und sein Gesicht verzerrt sich. Noch schlimmer ist es, wenn die Eltern seinen Rhythmus stören: wenn sie morgens die Haustür aufschließen, obwohl das seine Aufgabe ist; wenn sie ihm den Pullover überziehen, obwohl erst die Hose dran wäre; wenn sie ihm Margarine aufs Brot schmieren, obwohl er „Marmelade ohne" haben wollte. Dann weint Max, zittert am ganzen Körper, lässt sich kaum trösten.

Das Asperger-Syndrom mit seinen wichtigsten Symptomen ist die Folge einer vorwiegend neurobiologisch bedingten Störung mit auffälligen Verhaltungsweisen:

> Kognitiven Beeinträchtigungen

> Motorischen Beeinträchtigungen

Diese kommen beim Krankheitsbild AD(H)S auch vor.

Wissenschaftliche Studien (Literatur) belegen eine Häufigkeit der Symptomüberlappung von AD(H)S und Asperger bis zu 70%.

Den Zusammenhang von AD(H)S und Asperger zu erkennen, ermöglicht neue wissenschaftliche Forschungsansätze mit neuen Behandlungsmöglichkeiten.

Das Asperger-Syndrom wurde bis vor kurzem noch dem Autismus zugeordnet, obwohl es mehr einer Sonderform des AD(H)S gleicht.

Ist vielleicht das Asperger-Syndrom eine Variante von AD(H)S?

Es gibt:

> 75% Symptomüberlappung

> Gemeinsame genetische Veränderungen

> Autismus-Gen (7q), das auch bei AD(H)S, LRS und Anorexie nachgewiesen wurde

> Übereinstimmungen in der Bildgebung (FMRT, PET, EEG)

Autismus-Gen „7q"

Quelle: Neues Autismus-Gen charakterisiert: Verhaltensauffälligkeiten und synaptische Fehlregulation im Mausmodell.

https://www.uni-ulm.de/home/presse/aktuelles-thema/neues-autismus-gen-charakterisiert.html

Eltern fragen sich oft: „Hat mein Kind nun Asperger oder AD(H)S?"

Durch viele veröffentliche Tabellen zur Selbstdiagnostik (ADHS oder Asperger) wird die Verunsicherung noch verstärkt. Man kann keine Störung oder Krankheit durch Punkte in einer Skala diagnostizieren. Bitte vertrauen Sie sich einem Facharzt an!

Functioning Autismus

High-Functioning-Autismus prägten Forscher in den 80er Jahren, heute kritisieren Forscher und autistische Menschen den Begriff.

Andere Bezeichnungen für Functioning Autismus:

➢ Hochfunktionaler Autismus

➢ High-Functioning-Autismus

➢ HFA

Der Functioning Autismus ist eine Variante des „Frühkindlichen Autismus", mit einer relativ hohen Intelligenz und die Betroffenen zeigen auch nicht die Merkmale des Asperger-Syndroms.

Am häufigsten werden mit dem Begriff diejenigen Menschen mit der Diagnose eines „frühkindlichen Autismus" bezeichnet, die nicht geistig behindert sind und die über eine funktionale Sprache verfügen.

Das könnte, je nach Alter der Betroffenen heißen:

➢ dass sie lautsprachlich

➢ schriftlich

➢ oder durch Gebärden kommunizieren, lesen, schreiben und rechnen können

➢ alltagspraktische Dinge erledigen können

➢ aber keinen Blickkontakt halten

➢ nicht an Gesprächen teilnehmen

➢ keine nonverbalen Hinweise verstehen und so weiter

Die allgemeine Sprachentwicklung ist bei Functioning-Autismus verzögert, während dies beim Asperger-Syndrom „laut Diagnosekriterien" nicht der Fall ist.

Bis heute finden es viele Forscher nicht für sinnvoll zwischen Functioning-Autismus zu unterscheiden.

Die Intelligenz ist sowohl beim Asperger-Syndrom als auch bei Functioning-Autismus durchschnittlich bis überdurchschnittlich (über 70).

Bei beiden Autismus-Ausprägungen existieren die Schwierigkeiten in der sozialen Interaktion und in der sozialen Kommunikation sowie im sozialen Verständnis.

Der wesentliche Unterschied besteht jedoch darin, dass beim Functioning-Autismus oft keine oder kaum motorische Auffälligkeiten zu beobachten sind.

Fazit: Wenn sich ein Betroffener mit der Diagnose „Autistische Störung" im Laufe seiner kindlichen Entwicklung hinsichtlich der Sprache und Intelligenzentwicklung (gegenüber normal entwickelter Kinder) ausgleicht, so spricht man vom High-Functioning-Autismus.

Man unterscheidet zwischen:

➢ High-Functioning-Autismus   (HFA) IQ über 70

➢ Low-Functioning-Autismus   (LFA) IQ unter 70

Die Bestimmung des IQ ist nicht einfach.

Beim High-Functioning-Autismus sowie auch beim Asperger-Syndrom gehören zwanghafte und stereotype Verhaltungsmuster zu den Kernsymptomen. Auch leiden autistische Menschen immer wieder unter Zwangsgedanken (obsessions) und Zwangshandlungen (compulsions).

DSM-IV-Kriterien der Zwangsstörung (OCD): Sie gehen mit Leidensdruck und Alltagsbeeinträchtigungen einher.

Autismus und Zwangsstörungen weisen pathogenetische (vorwiegend auf neurobiologischer, kognitiver und genetischer Ebene) und phänomenologische Gemeinsamkeiten auf.

Die Zwangssymptome (ATZ) müssen grundsätzlich von Zwangsgedanken und Zwangshandlungen abgegrenzt werden.

Weitere Untersuchungen sind unbedingt nötig.

Obsession: Psychopathologische Zwangshandlung bzw. Zwangsvorstellung.

Obsessive-compulsive: Die Zwangsstörung gehört zu den psychischen Störungen. Für die Betroffenen besteht ein innerer Drang, bestimmte Dinge zu denken oder zu tun. Eine Zwangsstörung ist von der zwanghaften Persönlichkeitsstörung sowie von Zwangssymptomen im Rahmen anderer psychischer oder neurologischer Erkrankungen zu unterscheiden.

Atypischer Autismus

Von einem „Atypischen Autismus" redet man, wenn die Symptomatik erst nach dem 3. Lebensjahr beginnt oder, wenn nicht alle drei Kernbereiche der autistischen Symptomatik betroffen sind.

Innerhalb der Autismus-Spektrums-Störungen findet sich der „Atypische Autismus".

Diese Entwicklungsstörung unterscheidet sich vom frühkindlichen Autismus entweder durch das Alter bei Krankheitsbeginn oder dadurch, dass die diagnostischen Kriterien nicht in allen genannten Bereichen erfüllt werden. Diese Subkategorie sollte immer dann verwendet werden, wenn die abnorme oder beeinträchtigte Entwicklung erst nach dem dritten Lebensjahr manifest wird. Auch kann bei dieser Form ein verspäteter frühkindlicher Autismus oder eine deutliche Intelligenzminderung auftreten.

Der „Atypische Autismus" tritt sehr häufig bei schwer retardierten bzw. unter einer schweren rezeptiven Störung der Sprachentwicklung leidenden Patienten auf.

Es gibt auch daneben eine Vielzahl von Störungsbildern, die nicht diesen beiden klassischen Syndromen zugeordnet werden können.

Allen Autisten fehlen die neurologisch bedingte und unabhängig von ihrem Intelligenzstatus, die Möglichkeit, emotionale und soziale Signale zu verstehen und auch wiederzugeben.

Das Grundproblem von Autisten ist auch der Umgang mit Veränderungen.

Aus diesen Grundproblemen entwickeln sich dann auch häufig Verhaltensauffälligkeiten, die im täglichen Miteinander zu weiteren schweren Belastungen führen:

➢ Ängste

➢ Phobien

➢ Wutausbrüche

➢ Aggressionen

➢ Schlafstörungen

➢ Essstörungen

➢ Selbstverletzendes Verhalten

Die auftretenden Merkmale innerhalb der beschriebenen Kernsymptomatik können sich sehr unterschiedlich zeigen:

➢ Schwach

➢ Stark

➢ Undeutlich

So wie bei allen „normalen" Menschen sind auch Autisten verschieden.

Es gibt also nicht „DEN Autisten", sondern es steht wie bei jedem normalen Menschen zunächst mal das Individuum an sich.

Es gibt den frühkindlichen Autismus, den Asperger, den hochfunktionalen und den atypischen Autismus. Das sind jeweils unterschiedliche Diagnosen, die sich nochmal erheblich unterscheiden können.

Dazu variiert der Behandlungsansatz bis hin zu den Fragen, ob Autisten lügen können oder autistische Kinder einfühlsame Eltern brauchen. Es ist belegbar, dass Autisten sozial angemessen kommunizieren können.

Autisten können auch lernen, sich in andere Menschen hineinzuversetzen (ist kein instinktives Verhalten).

Die Inselbegabung - auch Savant-Syndrom genannt

Die Inselbegabung, auch Savant-Syndrom genannt, kommt bei Menschen vor, die eine kognitive Behinderung oder eine andere, häufig tiefgreifende Entwicklungsstörung aufweisen.

Zirka 50% der bekannten Inselbegabten sind Autisten. Einer von sieben Inselbegabten ist weiblich. Bis heute gibt es keine zuverlässigen Untersuchungen darüber, wie häufig das Savant-Syndrom auftritt.

Autismus-Forscher wie Darold Treffert von der Wisconsin Medical Society rätseln, was in den Gehirnen der Inselbegabten vorgeht. Treffert vermutet, dass diese außergewöhnlichen Fähigkeiten angeboren seien. Verantwortlich dafür sei eine „Filterfunktion" des gesunden Gehirns, die unwichtige Informationen ausblendet.

Er schlug 1989 eine Unterscheidung in erstaunliche und talentierte Savants vor. Während die erstaunlichen Savants wirklich herausragende Fähigkeiten besitzen, weisen die talentierten Savants höchstens durchschnittliche Leistungen auf, die aber in Anbetracht ihrer Behinderung bemerkenswert sind.

Für die Existenz solch eines Filters spricht die Tatsache, dass in seltenen Fällen eine Kopfverletzung eine Inselbegabung auslösen kann. Dagegen sind Savant-Fähigkeiten angeboren.

Ein Beispiel, das durch die Presse ging, ist Orlando Serrel. Er kann sich bis ins Detail an jeden Tag seines Lebens erinnern, seit er mit zehn Jahren von einem Baseball am Kopf getroffen wurde. So wurde er zum Mann mit dem Supergedächtnis.

Weltweit sind zurzeit zirka 100 Menschen bekannt, die man nach dieser Unterteilung als erstaunliche Savants bezeichnen kann.

Die phänomenalen Fähigkeiten eines Savants sind in der Regel auf ein bestimmtes Gebiet begrenzt. Manchmal besitzt ein Inselbegabter jedoch auch mehrere Talente.

Daniel Tammet zum Beispiel jongliert mit Zahlen, wie andere mit Bällen. Er spricht 9 Sprachen fließend. Sein Talent liegt im mathematischen und sprachlichen Bereich.

Savants können sich über Nacht Klavierspielen beibringen oder sie kennen den Inhalt von über 12 tausend Büchern auswendig. ABER, oft würden sie verhungern. Zum Beispiel können sie kein Brot schmieren, ihre Zähne putzen oder ihre Schuhe zubinden.

Das heißt: Sie haben unglaubliche Fähigkeiten und sind doch behindert.

Es ist aber egal, um was für eine Begabung es sich handelt, sie steht immer in Verbindung mit einem erstaunlichen Gedächtnis.

Der Intelligenzquotient der Personen liegt meist unter 70, kann aber auch durchschnittlich, in einigen Fällen auch überdurchschnittlich sein.

In die Öffentlichkeit gelangt das Savant-Syndrom unter anderem durch den Film „Rain Man" mit Dustin Hoffman.

Darold Treffert erforscht nun schon seit über 40 Jahren Savants und er hat die Erfahrung gemacht, dass das Training und die Pflege der Begabungen nicht nur das Wissen erweitert, sondern der richtige Schritt sein kann, vorhandene Defizite möglicherweise zu verringern.

Woher dieses erstaunliche Gedächtnis kommt, wird von der Wissenschaft immer noch erforscht. Diese vermuten, dass die linke Gehirnhälfte oder die Verbindung zwischen linker und rechter Hirnhälfte bei den meisten Savants geschädigt ist. Die Neurobiologen gehen davon aus, dass die rechte Gehirnhälfte versucht, die Defizite der linken auszugleichen.

Vermutet wird eine Testosteronvergiftung während der Embryonalentwicklung und Jungen erzeugen im Mutterleib mehr Testosteron als Mädchen. Wird also zu viel davon produziert, kann diese Überdosis das junge Hirngewebe schädigen.

Es könnte auch ein Fehler im Filtersystem des Gehirns sein. Als Schutz vor Überlastungen filtert das Hirn normalerweise alle eingehenden Informationen und der Mensch kann also nur auf wirklich wichtige Dinge zugreifen. Das hilft, nicht im täglichen Datenfluss zu ertrinken. Diese Teile funktionieren bei Savants nicht. Bei ihnen ist alles gleich wichtig, egal was sie hören, sehen oder lesen.

Forscher entdeckten in San Francisco (University of Califonia) Patienten, die an Demenz litten. Mit Beginn dieser Krankheit entwickelten manche von ihnen eine Inselbegabung.

Einige von ihnen begannen plötzlich hervorragend zu zeichnen. Oder entwickelten ein absolutes Gehör. Untersuchungen ergaben, dass bei ihnen die linke Gehirnhälfte geschädigt war.

Vergleiche mit angeborenen Savants ergaben deutliche Parallelen.

Der berühmteste Savant ist:

Kim Peek aus Salt Lake City (*1951 - †2009).

Er war auch das Vorbild für die Titelfigur in dem Film „Rain Man".

Erst mit etwa 12 Jahren fiel sein enormes Erinnerungsvermögen auf. Damals konnte er das Weihnachtsevangelium Wort für Wort genau wiedergeben, nachdem er es nur einmal gehört hatte. Im Laufe seines Lebens kannte er über 12.000 Bücher auswendig.

Er hatte eine ganz spezielle Lesemethode, die eigentlich nicht funktionieren kann.

Er las zwei Buchseiten gleichzeitig und dies in nur 8 Sekunden.

Das heißt: Er las mit dem rechten Auge die rechte Buchseite und mit seinem linken Auge die linke Buchseite. Normalerweise kann man sich nur auf eine Buchseite konzentrieren.

Das Gehirn von Peeks hatte eine Besonderheit: Die Verbindung „Corpus Callosum" zwischen den Großhirnhälften war schwach ausgeprägt, wohl aus diesen Gründen war er so multitaskingfähig.

Er las nur Fachliteratur „Faktenbücher", Belletristik lehnte er ab.

Das Straßennetz der USA (aller Staaten) kannte er auswendig, dazu Geschichtsdaten und die Telefonvorwahlen der gesamten USA.

Dazu wusste er innerhalb von Sekunden, auf welchen Wochentag ein bestimmtes Datum in der Vergangenheit fiel.

Hinzu kam sein musikalisches Erinnerungsvermögen – er konnte sich an jede Melodie erinnern, die er einmal gehört hatte.

Seine Fähigkeiten brachten auch große Defizite im Alltagsleben mit sich. Er konnte sich nur selten für eine Handlung entscheiden, weil er nichts vergessen konnte und alle Möglichkeiten durchüberlegt werden.

Sein Gehirn wurde sehr gut untersucht. Es ist größer als ein normales Gehirn und besitzt einen kaum ausgeprägten Übergang vom Großhirn zu den inneren Bereichen und ein unterdurchschnittlich großes Kleinhirn.

Eine Ausnahme stellt das Sprachgenie „Christopher Taylor (*1963 in England)" dar. Er ist Rechtshänder. Das bedeutet, dass sein Sprachzentrum in der linken Gehirnhälfte liegt. Diese sind bei Savants normalerweise stark geschädigt.

Die sprachlichen Fähigkeiten von Taylor sind den Wissenschaftlern unerklärlich. Das ist somit ein weiterer fehlender Puzzlestein im Rätsel des Savant-Sydroms.

Der Film „Rain Man" mit Dustin Hoffman und Tom Cruise

Der Film „Rain Man" ist ein US-amerikanischer Film von Barry Levinson aus dem Jahr 1988. Der Schauspieler Dustin Hoffman spielt den am Savant-Syndrom leidenden Autisten Raymond. Hoffmann hatte sich auf diese Rolle ein Jahr vorbereitet. Dieser wird von seinem Bruder Charlie (Tom Cruise) aus einer Klinik auf eine Reise durch die USA mitgenommen.

Der Film hatte acht Nominierungen bei den Academy Awards 1989 und bekam vier Oscars.

Zum Inhalt des Films:

Autist Raymond weigert sich, per Flugzeug zu reisen, da er alle Flugunfälle mit Flugnummern sowie auch die Anzahl der Todesopfer auswendig weiß. Ebenso kann er nicht auf dem Highway reisen, weil er das auch für zu gefährlich hält. Sein Bruder Charlie fährt mit Raymond im Auto auf kleinen Nebenstraßen und versucht gleichzeitig sein bedrohtes Autogeschäft telefonisch zu retten. Die Gleichgültigkeit und das Routinebedürfnis von Raymond bringen Charlie an den Rand der Verzweiflung. Im Laufe der Reise fallen Charlie viele erstaunliche Fähigkeiten seines Bruders auf.

Dustin Lee Hoffman ((*08.08.1937 in Los Angeles) zählt seit Mitte der 1970er Jahre zu den führenden Charakterdarstellern des US-amerikanischen Films. Unter anderem bekam der Oscar-Preisträger mehrfach den Golden-Globe.

Tom Cruise (*03.07.1962 in Syracuse, New York) ist ein US-amerikanischer Schauspieler und Filmproduzent. Sein eigentlicher Name: Thomas Cruise Mapother IV.

Der große Durchbruch gelingt dem Schauspieler im Jahr 1986 mit dem Fliegerfilm Top Gun, der weltweit mehr als 340 Millionen Dollar einspielt und ihn zum erfolgreichsten Schauspieler seiner Generation macht.

Das Vorbild des Films war Kim Peek (*11.11.1951 - †19.12.2009). Er war ein US-amerikanischer Bürger mit einer Inselbegabung (Savant-Syndrom).

Er wurde mit einer Anomalie geboren. Beide Gehirnhälften waren nur minimal miteinander verbunden. Man vermutet, dass dies womöglich zu einer Inselbegabung geführt haben könnte.

Savant Kim Peek

Seit dem Kinostart von „Rain Man" hat Kim Peek vor Millionen von Menschen Vorträge gehalten und seine mentalen Fähigkeiten demonstriert.

Doch ohne Hilfe kam der mit 58 Jahren Verstorbene nicht zurecht, konnte sein Hemd nicht zuknöpfen und sich kein Sandwich schmieren. Sein Vater zog ihm die Schuhe an und putzte ihm die Zähne.

Als Kind konnte er sehr viel später erst Laufen und Sprechen, dafür hatte er aber sonderbare Gewohnheiten wie das Sortieren von Papierschnipseln. Mit 16 Monaten fing er an zu lesen und kannte mit vier Jahren acht Lexikon-Bände Wort für Wort auswendig.

Bis zu seinem 12. Lebensjahr wurde seiner Behinderung keine weitere Beachtung geschenkt, bis er an Weihnachten ein Gedicht aufsagen sollte. Da rezitierte er die Weihnachtsgeschichte aus dem Lukas Evangelium von Kaiser Augustus bis zu den Hirten mit etwa 30 Zeilen aus der Bibel. Diese Geschichte hatte er zuvor nie gelesen, sondern sie am selben Tag in der Kirche gehört und sich eingeprägt.

Die Begegnung mit Kim Peek inspirierte den Autor Barry Morrow zu dem Buch „Rain Man".

Peek wurde später auch von Nasa-Forschern untersucht, die sich davon Rückschlüsse zum Verständnis seiner kognitiven Begabung erhofften.

Der Film „Rain-Man" machte das Savant-Syndrom (Savants = französisch: Gelehrte) über Nacht bekannt. Diese Inselbegabung (Savant) ist ein Phänomen und gleichzeitig auch ein Widerspruch in sich selbst. Diese Menschen sind geistig behindert und besitzen auch gleichzeitig überaus geniale Fähigkeiten mit fast unglaublichen spektakulären Gedächtnisleistungen.

Auch wenn sie wie ein Computer riesige Mengen von Wissen speichern können, leben sie jedoch in ihrer eigenen Welt. Sie können sich nicht richtig ausdrücken und sind ihr Leben lang auf Hilfe angewiesen.

Psychiater Darold Treffert (*1932), der weltweit bedeutendste Savant-Forscher beschreibt das Savant-Syndrom weniger als Krankheit oder Störung, sondern als einen Zustand.

Er beschäftigt sich seit mehr als 40 Jahren mit Savants, hat Männer untersucht, die aus der Ferne einen Turm anschauen und genau auf den Zentimeter sagen können, wie hoch dieser ist.

Treffert sagte in einem Interview, dass er so viel Unerklärliches gesehen habe, dass er heute alles glaube.

Inselbegabte:

Die Geistes-Giganten von Karin Steinberger

Sie sind oft hilfsbedürftig und behindert. Aber in ihren Gehirnen haben Inselbegabte Platz für alles Wissen der Welt: Sie lernen Telefonbücher auswendig, zeichnen Stadtpläne aus dem Gedächtnis und spielen spontan Pianokonzerte nach. Wo liegt der Schlüssel zum Genie?

http://www.spiegel.de/wissenschaft/mensch/inselbegabte-die-geistes-giganten-a-423748.html

Zitat aus diesem Artikel (Teil 1):

Seit ein paar Jahren ist Kim Peek mit diesem "Telefonzeug" beschäftigt, wie es sein Vater nennt. Manche Namen schreibt Kim Peek auf, andere nicht. Er ordnet Menschen. Warum, weiß niemand. Aber er arbeitet an seinem Projekt wie ein Besessener, als hätte er einen geheimen Auftrag. Im Auto kommt das Wissen zum Einsatz: Dort, in Haus 5070, lebt das älteste Mitglied des Mormonenchors. Da drüben war einmal eine Wäscherei, dann ein Parkplatz, dann Dairy Queen, jetzt ein griechisches Restaurant. Kim Peek starrt seine Finger an. "Ich bin auf dem Sofa aufgewachsen. Ist es nicht so, Dad?" - "Ja, dein Kopf war so groß, dass dein Hals ihn nicht tragen konnte", sagt Fran Peek und schiebt seinem Sohn ein Pfefferminzbonbon in den Mund.

Am 11. November 1951 kam Kim Peek auf die Welt, mit einem Kopf, der ein Drittel größer war als der normaler Babys. Die Eltern haben es am Anfang gar nicht gemerkt, haben sich mehr Sorgen gemacht um die winzigen Nachbarkinder.

Teil 2:

http://www.spiegel.de/wissenschaft/mensch/inselbegabte-die-geistes-giganten-a-423748-2.html

Zitat aus dem 2. Teil:

Mit seinen Versuchen will Snyder beweisen, dass er Menschen künstlich kreativ machen kann. Er will ihnen neue Tore öffnen, indem er Teile ihrer Gehirne abstellt. Die Fähigkeiten der Savants seien bei uns allen da, sagt Snyder, nur komme man nicht dran, weil die dominante linke Hirnhälfte uns die Welt durch Vorwissen ordne und viele nebensächliche Details herausfiltere. "Im täglichen Leben fahren wir damit ganz gut, aber wir tun so viel unbewusst. Manchmal frage ich mich, wer ist eigentlich der Chef in unserem Kopf?"

Allan Snyder sagte einmal: „Savant-Fähigkeiten sind angeboren, liegen aber normalerweise jenseits unseres bewussten Zugriffs".

Allan Whitenack Snyder (*1942 in Philadelphia) ist ein australischer Wissenschaftler und Hirnforscher (Direktor des Centre for the Mind).

Snyder beabsichtigt in seinen Versuchen die Filterfunktion des Denkorgans (Gehirn) auszuschalten. Mit Hilfe von transkranieller Magnetstimulation (TMS) legte er bestimmte Hirnregionen von gesunden Testpersonen kurzfristig lahm.

Er ließ die Probanden Zeichnungen anfertigen und erstaunlicherweise erzielten sie nach einigen Minuten tatsächlich bessere Ergebnisse als vor und zu Beginn des Test.

Hat vielleicht jeder „normale" Mensch das Potenzial zu einem fotografischen Gedächtnis und Zeichentalent? Und, werden wir irgendwann nur einen Magnetstimulator als Helm aufsetzen müssen, um auf das Superhirn umzuschalten?

Forschern ist es gelungen, eine Kappe zu entwickeln, die mit Elektroschocks die Denkfähigkeit anregen soll. Dafür wird die Aktivität der linken Gehirnhälfte unterdrückt.

Die „Thinking-Cap" wird mit einem Stirnband befestigt und versetzt leichte Stromschläge. Die Tests erwiesen sich als durchaus vielversprechend, erklärten die Gehirnforscher der Universität von Sydney. Es konnten dreimal mehr Träger dieser Mütze eine Matheaufgabe lösen als Probanden, die ohne das Gerät rechnen mussten.

Snyder erklärt, dass diese Kappe die Aktivität der linken Gehirnhälfte unterdrückt, die für das Wissen zuständig ist. Gleichzeitig wird die rechte Gehirnhälfte angeregt, die für die Kreativität zuständig ist.

Die „Thinking-Cap" benutzen Wissenschaftler zufolge seit mehr als 15 Jahren für die Gehirnforschung. Auf die Idee für die Versuche kamen die Forscher nach eigenen Angaben durch Erfahrungen von Unfallopfern, die einen plötzlichen Kreativitätsschub erlebten, nachdem ihre linke Gehirnhälfte geschädigt worden war.

Snyder sagt aus, dass die Forschung zwar am Anfang ist, er sich aber doch vorstellen könnte, dass die „Thinking-Cap" eines Tages bei der Suche nach kreativen Problemlösungen Anwendung finden könnte.

Wie erlebt ein Autist die Welt?

Wie ein Autist SEINE Welt erlebt, kann NUR der Betroffene selbst beschreiben!

Hierzu habe ich folgende Quelle im Internet gefunden:

Überlebensstrategien für Menschen mit Asperger Syndrom

von Marc Segar (*02.04.1974 - †Dezember.1997)

April 1997 Edition - aus dem Englischen von Rainer Döhle

http://www.autismusundcomputer.de/marc1.de.html

http://www.autismusundcomputer.de/marc2.de.html

Marc Segar litt unter dem Asperger-Syndrom. In seinem Buch, das als Leitfaden zum Überleben gedacht ist, schildert er seine Erfahrungen und Gedanken in einem sehr persönlichen Stil (Erkenntnisse, Regeln, Merksätze). Bis heute (April 2015) steht jedem Leser dieses Buch im Internet kostenlos zur Verfügung!

Segar schildert unter anderem, wie man Witze richtig deutet oder am besten auf Ironie eingeht sowie auch sämtliche Aspekte des menschlichen Flirt- und Freundschaftsverhaltens.

Inhalt des Buches:

Zitat aus dem Buch:

Marc Segar schreibt:

Als ich zuerst in die Schule ging, hatte ich einen Lehrer, der einen einfühlsamen und offenen Ansatz vertrat. Meine Klassenkameraden haben mich so akzeptiert, wie ich war, obwohl ich ständig mit Tagträumereien beschäftigt war und meine Blicke über die falsche Seite des Klassenraums wandern ließ, während vorne der Lehrer eine Geschichte erzählte. Schon in so jungen Jahren haben andere Kinder wohl gemerkt, dass etwas mit mir nicht stimmte, obwohl ich selbst nie etwas Derartiges ahnte; und das blieb noch eine ganze Weile so.

Mein ganzes Leben lang haben mich Menschen anders behandelt als sie sich untereinander behandelt haben und wenn ich gefragt habe, warum sie das tun oder was mit mir nicht stimmte, konnten sie mir das offenbar nie wirklich sagen. Sie sagten, da käme einfach vieles zusammen.

Was die Leute wohl völlig aus dem Konzept bringt, ist, dass sie einfach nicht zu verstehen scheinen, wie ein sechsjähriger Junge, der alle Planeten im Sonnensystem kennt und der fünf minus drei rechnen kann, noch nicht begreift, dass es unpassend ist, wenn er beim Spielen in Mülleimer klettert oder dass es sich nicht gehört, im Unterricht am Stift zu kauen und aus dem Fenster zu starren…

Meine Mutter hat mich auf dem Schulweg und zurück immer begleitet. Dabei habe ich gerne Beethovens Violinkonzert vor mich hin gesungen, das mein Vater immer gehört hatte. Emma, meine Schwester, war damals im Kinderwagen und bekam die mütterliche Aufmerksamkeit, während ich Beethoven sang, ohne mir über die symbolische und emotionale Bedeutung, die es hat, wenn die Familie Zuwachs bekommt, im Klaren zu sein. Es war wohl, als meine Schwester fast zwei Jahre alt war, als wir anfingen, gemeinsam zu spielen. Dazu gehörten dann einige wenige Figuren oder Personen, die durch Puppen, Teddies, andere Spielsachen oder einfach nur irgendwelche Gegenstände dargestellt wurden. Die haben wir dann in eine Reihe aufgestellt und etwas verprügelt.

Nachdem sie gesehen haben, dass ich mit Action Man wenig anfangen konnte, haben meine Eltern mir Lego gezeigt. Lego war für mich das perfekte Spielzeug. Ich habe dann ganze Tage einfach nur damit verbracht, daraus Formen und Strukturen zusammenzubauen.

Bei Puppen war meine Verwirrung noch größer. Puppen leben nicht wirklich. Trotzdem tut man so, als würden sie es tun, obwohl sie ja tot sind. Jedenfalls soll man auf sie reagieren, ALS OB sie leben würden, obwohl wir insgeheim wissen, wie es wirklich ist. Die Geschichte mit dem Weihnachtsmann hat mich schließlich noch mehr verwirrt. Überhaupt konnte man mich immer dann leicht durcheinanderbringen, wenn Realität und so tun als ob auseinander fallen. Über lange Jahre in meinem Leben war ich da leicht zu täuschen.

Die US-Forscherin Temple Grandin (*29.08.1947 in Boston) ist die führende US-amerikanische Spezialistin für den Entwurf von Anlagen für die kommerzielle Viehhaltung.

Grandin, selbst Asperger-Autistin, sorgt mit einer ungewöhnlichen Hypothese für Aufsehen. Sie meint, dass die Gedankenwelt von Autisten derjenigen von Tieren ähnlich sei.

Sie hat diese These anhand ihrer eigenen Erfahrungen entwickelt.

Ärzte diagnostizierten bei ihr neurologische Schäden und empfahlen, sie in ein Heim zu geben. Ihre Eltern missachteten den Rat der Ärzte und förderten sie von da an intensiv, indem sie an ihre Interessen und Neigungen anknüpften. Grandin wurde von einem sprachheilpägogischen Kindergarten aufgenommen und eine Nanny sorgte für die ersten Schritte zur Kommunikation mit anderen Kindern. Anschließend besuchte sie eine Reihe von Privatschulen und studierte an der Universität von Illinois experimentelle Psychologie.

Experimentelle Psychologie ist der Zweig der psychologischen Forschung, der sich vornehmlich des Experiments als wissenschaftlicher Methode bedient.

Heute lehrt Grandin selbst an der Colorado State University im Fach Tierwissenschaft. Eine gewisse Distanz zur Sprache ist ihr geblieben.

Sie sagt von sich, dass sie in Bildern denkt und ihre Muttersprache eigentlich ihre Zweitsprache sei. Erst als Erwachsene erfuhr sie den Grund für ihre Sprachprobleme, ihre soziale Scheu und ihr Anderssein.

Das Leben der Grandin ist sehr interessant, weil sie selbst beweist, dass die Diagnose „Autismus" keineswegs zu einem Leben in Abhängigkeit und sozialer Isolation führen muss.

Weitere interessante Quellen:

http://www.merkur-online.de/leben/gesundheit/welt-autismus-tag-april-zr-4858994.html

Ein Autist findet seinen Traumjob

Leif Petersen steht an der Kasse eines Reformhauses in Hamburg und verkauft Bio-Brot. Wer den freundlich lächelnden jungen Mann beobachtet, dürfte kaum bemerken, dass dieser an einer schweren Entwicklungsstörung leidet.

Schlussworte

Autismus ist nicht heilbar, aber die verschiedenen Symptome können gelindert werden.

Je nach Ausprägung und Intensität der Symptome müssen die pädagogischen und therapeutischen Ansätze verschieden sein.

Dabei ist es sehr wichtig, das Kind GANZHEITLICH zu sehen.

Wie offen man damit umgeht, sollte man deshalb im Einzelfall genau abwägen.

Kindergärten und Schulen sollten ambivalente Erfahrungen gesammelt haben. Welche Schulen hier in Frage kommen, sollte man mit dem Therapeuten besprechen. Dieser kann individuelle Ratschläge geben.

Geschwister profitieren grundsätzlich von der Ehrlichkeit. Sie leiden oft darunter, dass sich alles um das autistische Kind dreht.

Beim frühkindlichen Autismus hängt es vom Grad einer möglichen geistigen Behinderung ab, ob es sinnvoll ist, ihnen selbst ihren Autismus zu erklären.

Beim Asperger-Autisten gehört es schon zu der Therapie dazu, es ihnen zu erklären. Asperger-Betroffene empfinden es oft als Erleichterung, endlich zu wissen, warum sie so anders ticken.

Es erfordert auch Mut, manche Therapien wieder zu lassen, bzw. zu ändern, wenn man spürt, dass das Kind keine Fortschritte macht.

Für Eltern ist es oft nicht einfach, die richtige Therapie zu finden.

Nicht in jeder Entwicklungsphase findet sich die beste Therapieform. Diese muss regelmäßig neu überdacht werden.

Therapiepausen sind oft auch gut für die Kinder. Sie können mit der Zeit therapiemüde werden, brauchen also mehr Ruhe um neue Impulse zu entwickeln.

Weitere Infos:

Autismus. Leben in zwei Welten und zwischen zwei Stühlen

Quergedachtes: Ein Blog über Autismus

https://quergedachtes.wordpress.com/2012/11/13/autismus-leben-in-zwei-welten-und-zwischen-zwei-stuhlen/

Dort schreibt ein Autist:

Menschen mit Autismus wird oft nachgesagt, dass sie in ihrer eigenen Welt leben. Oftmals heißt es dann auch: Autisten leben in zwei Welten.

Doch ist das auch zutreffend? Ich kann an dieser Stelle nur für mich reden. Ich persönlich empfinde das nicht so. Ich habe aber sehr wohl eine andere Wahrnehmung und alleine aufgrund dessen könnte man natürlich sagen: Ich lebe in einer anderen Welt. Für mich gestaltet sich das aber noch komplexer. Ich habe nicht nur meine autistische Wahrnehmung, die ich langsam als Stärke und Bereicherung annehmen kann, ich bin auch in der glücklichen Lage so angepasst zu sein, dass ich eine fast neurotypische Wahrnehmung parallel dazu habe. Am besten stellt man sich das wie einen Filter oder eine Brille vor die aus meiner autistischen Wahrnehmung eine nichtautistische macht…

Autismus wirkt sich bei jedem Betroffenen anders aus, die Verhaltensweisen können völlig verschieden sein.

Axel Brauns, selbst Autist, hat das in seinem Buch „Buntschatten und Fledermäuse" wunderbar ausgedrückt.

„Manche Autisten verleben still, in sich gekehrt, ihre Tage, andere toben herum, weil ihnen die Welt durch den Kopf rennt.

Manche Autisten lernen nie, sich richtig zu bedanken, anderen kommen diese Floskeln so trefflich über die Lippen, dass der Eindruck entsteht, sie verstünden, was ihnen da herausrutscht.

Manche Autisten lachen gern und plappern viel, andere sind eher sachlich und einsilbig.

Manche Autisten verzweifeln an trübsinnigen Gedanken, andere haben ihre Zelte auf der heiteren Seite des Lebens aufgeschlagen."

Buchdaten:

Autor: Axel Brauns (*1963 in Hamburg – Autist)

Buntschatten und Fledermäuse - Leben in einer anderen Welt

Verlag: Hoffmann und Campe - ISBN-Nr. 3-455-09353-1

Es ist eine ungewöhnliche Liebesgeschichte:

Der Mann, der das Lächeln lernen musste:

Frankfurter Rundschau – Artikel vom 27.10.2011:

Peter Schmidt ist 45 Jahre alt, promovierter Geophysiker, verheiratet und beruflich erfolgreich. Seit vier Jahren weiß er, dass er Asperger-Autist ist. Die Diagnose war für ihn ein Schock – und eine Erleichterung.

Es ist eine ungewöhnliche Liebesgeschichte. Peter und Martina Schmidt haben sich nämlich beim Zahnarzt kennengelernt. Aber das ist noch nicht das Ungewöhnliche. Er lag auf dem Behandlungsstuhl. Sie stand als Zahnarzthelferin daneben. Er lächelte sie an. „Ich bin noch nie so dämlich angegrinst worden", wird sie später sagen. Trotzdem ist etwas passiert zwischen den beiden.

Den ganzen Artikel können Sie unter dem Link im Internet kostenlos weiter lesen:

http://www.fr-online.de/politik/autismus-der-mann--der-nicht-laecheln-konnte,1472596,11058526.html